千寻 与世界相遇

千寻

Neverend

选题策划　云海燕
项目编辑　云海燕
美术编辑　沈秋阳
装帧设计　木
内文排版　史明明
责任印制　盛　杰
营销编辑　奚嘉阳

学习之书

我如何学习

李怀源——著

晨光出版社

图书在版编目（CIP）数据

学习之书．我如何学习 / 李怀源著．-- 昆明 ：晨光出版社，2025. 3. -- ISBN 978-7-5715-2697-9

Ⅰ. G791-49

中国国家版本馆 CIP 数据核字第 2025LR0195 号

XUEXI ZHI SHU WO RUHE XUEXI

学习之书 我如何学习

李怀源——著

出 版 人 杨旭恒

选题策划 云海燕
责任编辑 李彦池
插　　画 黑珍珠大食怪

出　　版 晨光出版社
地　　址 昆明市环城西路 609 号新闻出版大楼
邮　　编 650034
发行电话 （010）88356856　88356858
印　　刷 北京顶佳世纪印刷有限公司
经　　销 各地新华书店
版　　次 2025 年 3 月第 1 版
印　　次 2025 年 3 月第 1 次印刷
开　　本 130mm × 185mm　32 开
印　　张 5
字　　数 61 千
I S B N 978-7-5715-2697-9
定　　价 35.00 元

序言

学习是一条路

李怀源

学习是每个人此生必须要走的路。不管这条路通向哪里，我们一定都要走一走。大教育家孔子曾说过：“学而时习之，不亦说乎？”意思是学过的内容要经常练习，这是很快乐的事。“学”是指跟着别人学，“习”是指自己练习。当然，“学”和“习”往往是密不可分的，所以，“学习”就成了一个词语，同学们每天都能听到它。

然而，大家在学习之路上总会遇到“拦路虎”——学习困难。学习困难一般分为三类：一是不知道为什么学，二是不知道怎么学，三是不能坚持学。

每一个困难都像一座大山，如果不能翻过去，就看不到山那边的风景。在学校里，不管是我当老师的时候，还是做校长的时候，最让我心疼的是，有很多学生面对学习束手无策。学习困难是千真万确存在的。帮助学生翻越学习困难的大山，体会学习的乐趣，是我给自己立下的目标，也就因此有了做这套书的想法。

那困扰小学生的具体的学习问题是什么呢？我们对此进行了问卷调查，从来自全国各地的无数小学生中搜集“问题”，找出更为普遍的问题后再进行分类。我们把这些问题大致分为两类：一类是关于“我为何学习”的，就是对学习的认识与情感方面的；另一类是关于“我如何学习”的，就是学习的方式、方法方面的。

问题已经呈现出来了，接下来就是如何帮助大家解决这些学习难题。根据一些最新的研究，也根据多年的实践经验，我和编辑团队对问题再次进行分类，一一去回答。回答每一个问题的时候，我都会从多个角度分析问题出现的原因，然后“对症开方”，给出实用的解决方案，并辅以详细的例子，帮助大家更好地理解和实践。

在写这篇序言的时候，我在网上看到，国外有不少小学，给孩子们布置的作文比较偏重“研究性”的成果汇报，这种“研究报告”的内容和篇幅，有的相当于中国大学生的论文，内容之深、篇幅之长令人惊叹。

我们国内的一些学校也已经在鼓励孩子们写新闻评论、故事、推理小说、诗歌、寓言以及表达个人观点的散文等，希望孩子们不仅要有自己独特的带有批判意识的思想，还要能够使自己的思想和观点有理有据地影响他人。

不过，在这次调研中，从孩子们提出的问题来看，我们的学校教育和家庭教育中还有很多可以改进的地方，大多数孩子还是困于繁重的课业负担、巨大的考试压力之下……也许改变教育的方式，尤其是大量重复练习的方式，才是解决小学生学习困难的根本方法。

我在回答问题时，也希望能够带领大家一起进行研究，研究自己是如何学习的，怎样学才能学得更好。

这套书取名为《学习之书》，是希望孩子们能够自己阅读书中内容，自己寻求答案，这本身也是一种学习。

这套书的初稿完成之后，我请我带的研究生丁荣晨、路鹏、张瀚文、蒋芯悦四位同学对文稿进行了修改，他们是这套书的第一批读者。在他们看来，这套书是有用的，能够带来一些启示。对研究生有用，希望对小学生也能起到打开学习之门的作用。

学习的本质就是探究，希望大家不要怕探究，要善于发现问题、敢于提出问题、勇于解决问题。

学习是成长必经的一条路，没有成败可言，也不能撤退，只有勇往直前，我们才能到达想去的地方，成为想成为的人。

祝愿小读者们都能开心地学习，健康地成长！

目录

第一章 如何掌握有效的学习方法?

1. 学习有捷径吗? …… 2
2. 如何制订学习计划? …… 6
3. 制订的学习计划无法完成怎么办? …… 10
4. 如何合理高效地安排自己的时间? …… 14
5. 怎样才能学习不偏科? …… 18
6. 上课记笔记时总是跟不上怎么办? …… 22
7. 该怎么预习? …… 26
8. 该怎么复习? …… 30
9. 如何加快写作业的速度? …… 34
10. 如何提高学习效率? …… 38

第二章 如何养成良好的学习习惯?

11. 如何养成良好的学习习惯? …… 44
12. 怎样改变懒惰的习惯? …… 48
13. 太贪玩怎么办? …… 52
14. 有时候想拖延怎么办? …… 56
15. 写作业姿势不端正怎么改正? …… 60

16. 遇到不会的问题马上就去问别人，这样好吗？ …… 64
17. 在学习过程中怎样保持好奇心和探索精神？ …… 68
18. 什么时候是学习的最好时期？ …… 72
19. 假期结束回到学校，怎样快速进入学习状态？ …… 76

第三章 如何提高学习能力？

20. 学习总分心，怎样才能集中注意力？ …… 82
21. 怎样避免因为粗心而算错题？ …… 86
22. 总是背不下来课文，或者背完就忘怎么办？ …… 90
23. 内容能看懂，为什么阅读理解题还是不会做？ …… 94
24. 阅读有困难怎么办？ …… 98
25. 如何坚持阅读？ …… 102
26. 怎样才能写好作文？ …… 106
27. 怎样才能把字写好？ …… 110

第四章 如何减轻心理负担？

28. 学习压力大怎么缓解？ …… 116
29. 爸爸妈妈不理解我的感受怎么办？ …… 120
30. 爸爸妈妈总训我怎么办？ …… 124
31. 如果成绩提升了，父母还批评我，怎么办？ …… 128

32. 老师对我很用心，没考好有负罪感，怎么办？…… 132
33. 父母对自己期望很高，很怕让他们失望，怎么办？ 136
34. 马上升初中了，有必要提前学习初中知识吗？…… 140
35. 怎么提前适应初中的学习生活？………………… 144

第一章

如何掌握有效的学习方法?

1

学习有捷径吗？

“五天时间让你的英语成绩突飞猛进！”“一小时让你刷完小学英语单词！”大家平时有没有看到过类似的广告？它们很诱人，好像轻易就能让我们逆袭成为“学霸”，但这真的能实现吗？

每个人都希望走一条通向山顶的捷径。其实，掌握好的学习方法就是找到捷径的第一步。多用好的学习方法，我们就能够比别人更快地达成学习目标。除了要有好方法，还要投入较长的时间，而不是用短短几天，甚至几个小时来投机取巧。

学习一定是讲究方法的，我们拿背诵来举例。有哪些好的背诵方法呢？

◎通过反复听来记忆。与背课文、背古诗词相比，大多数人觉得歌词更好背。背歌词时，我们感觉没有刻意去记，但是一听到旋律，就能哼唱几句。这是因为反复听歌让我们自然而然就记住了歌词。这种方法也可以用到其他内容的背诵上，比如背诵英语文章时，可以先反复听英语音频，然后跟着读、跟着说，慢慢我们就会惊喜地发现自己背下来了。

◎通过朗读来记忆。如果没有音频、视频来帮忙，可以尝试朗读。我们用嘴巴发出声音，耳朵又同时听到了自己的声音，这就是用两种感官来同时学习和记忆。当然，朗读的时候要专注内容，时间长了，自然就背下来了。

◎通过找规律来记忆。以背诵课文为例，我们可以找出段落的构成规律来辅助记忆。例如，《卖火柴的小女孩》中，小女孩擦亮第一根火柴时出现了什么？这些事物或景象出现的先后顺序是什么样的？这样，我们就确定了背诵的主要内容。接下来，要关注这些事物或景象的描述，比如，暖烘烘的火炉、冒着香气的烤鹅。然后记住描述这些事物状态的词，比如“摇摇摆摆”。把这些都梳理清楚后，我们心中就像有了一张地图，这张地图上有事物的先后顺序、细节描述和状态等。按照这张地图去背诵，我们就会更加顺利。

找对了方法，我们慢慢就会练成背诵高手。“磨刀不误砍柴工”[1]，磨的“刀”就是自己的思维。相信大家都能想到适合自己的学习方法，会比我前面提到的方法更多、更巧妙。通过不断练习，这些方法将转化为能力，成为思维和习惯的一部分。当面对类似的学习任务时，它们就将成为“捷径”。

每一个学习困难都在促使我们想方法，所以，一定要想方设法去解决学习中的困难。好方法越多，捷径越多。

[1] 磨刀虽花费时间，但不耽误砍柴。比喻事前花时间做好准备工作，能使事情进展得更顺利。

"日出江花红胜火，
春来江水绿如蓝。"
听姐姐念多了，
妹妹也会了！
"日出江花红胜火，
春来江水绿如蓝。"

2

如何制订学习计划？

就像大人有工作计划，小学生也可以制订学习计划，来取得较好的学习效果，而不至于让自己手忙脚乱。具体该怎么做呢？

第一步，明确自己的目标。想一想，在一段时间内（一天、一个星期、一个月或者一学期），我们希望自己达成什么目标，比如，想要及时写完作业，然后读一读课外书，如果还能安排体育锻炼那就更好了。

第二步，合理安排任务量。也许我们有雄心壮志，目标很远大，但是也要清楚自己的能力局限。具体来说，像每天写各学科作业要多久，能花多长时间锻炼身体，自己能承受多大的锻炼强度，这些都需要预判好。

第三步，把学习计划实实在在地写出来。可能有人会说，心里装着学习计划就可以了，有必要写出来吗？有时候人会犯懒，如果学习计划只在心里，我们可能慢慢就会松懈，最后学习进度落后于原计划，导致信心散失。所以，我们最好把学习计划写出来，把它放到眼前来激励自己。

数学老师会教大家画表格，我们可以活学活用，用表格来做学习计划。在表格的顶部明确列出学习目标，紧接着在下面规划每一个时间段要干什么。比如，晚上 7:00 到 7:30 写语文作业。

为了更清晰地观察每天的学习进度，可以在表格中单独留出一列，用来标记任务的完成情况。我来给大家分享一些小标记：

1. 全部完成：如果任务已经圆满完成，可以在这个任务旁边打一个对号（√）或者画一个实心圆（●）。这些标记会让我们瞬间成就感满满。

2. 部分完成：如果任务只完成了一部分，可以画一个半实心、半空心的圆（◐）。圆圈里剩下的空白，就等着计划全部完成后再涂上颜色。

3. 没有完成：如果任务没有完成，可以打一个叉号（×）或者画一个空心圆（○）。

通过这样的标记，每天结束时，我们就可以快速检查学习计划完成得怎么样。

做学习计划有一个最重要的作用，就是提示作用。它让我们知道今天应该完成哪些任务，从而激发我们的干劲。通过持续合理地分配时间，我们会逐渐成为一个有条不紊的人。

做学习计划除了对学习有帮助，还对大家未来的发展有重大意义。它可以提升我们的学习能力或者工作能力，让我们养成复盘的习惯，复盘自己哪些地方做得好，哪些地方还需改进。从长远来看，我们也能逐渐学会规划自己的人生。

如果学习计划表是纸质的，那最好把它贴在比较显眼的位置，以此来时刻提醒自己。

希望每个人都能制订出适合自己的学习计划，善于规划并执行的人是很有魅力的。

妈妈，我做了学习计划表，今天的作业完成得差不多了！
学习计划表
我的目标：按时完成全部作业！
时间 任务 完成进度
18:00-18:30 数学作业
18:30-19:00 英语阅读
19:00-19:10 休息
19:10-20:00 语文作业
不错啊，一会儿我们一起看看没完成的作业。把它贴在书桌旁吧！
学习计划表
好！可以随时提醒我！

3

制订的学习计划无法完成怎么办?

有些人的计划很完美，却卡在了执行的路上，导致计划无法完成。在给出解决办法之前，我们先来看看计划为什么没能完成。

◎计划太完美而无法执行。我们往往会急于求成，想要做出一个完美的计划，但是这不符合学习规律。学习是一个循序渐进的过程，要一步一个脚印地往前走。所以，学习计划一开始不要做得难度太大，而要符合自己的实际情况。通常情况下，我们不要给一个任务分配太长时间，否则我们会觉得任务很枯燥，也就很难坚持执行。并且，一个任务可以不连续做，比如，星期一读一本课外书，星期二可以做别的事情，星期三再继续读，而不是一个星期每天都必须读课外书。

◎执行力可能不够。在执行学习计划的过程中，我们可能很难持之以恒。要知道，即便是成年人，按部就班地完成一项任务也并不容易。要做成一件事，靠的是持久的努力。如果已经做好一份符合实际的学习计划，就要坚定地告诉自己，必须坚决执行。如果第一天没能完成任务，那么第二天、第三天我们也可能会继续完不成任务，最终这个计划就白做了。所以，坚决的态度至关重要。

那如何坚持完成计划呢?

◎细化目标，拆分任务。我来给大家讲一讲我小时候是怎么做的。当我需要写两页生字、生词时，我不会过度关注什么时候能写完，而是专注于完成每一行。每写完一行，就是完成了一个小目标，当超过半页的时候，成就感就萌生了。所以，不要只盯着最终的大目标，而是学会把它拆分成几个小目标，这样我们的心理压力就会减轻，每完成一个小目标都是对自己的一次鼓励。

◎借助他人监督自己。如果通过拆分任务的方法还是很难完成计划，那么可以和小伙伴约定，看看谁能更好地完成自己的计划。这样我们就可以相互激励和监督，分享彼此的经验和心得，比如，讨论计划中的某个任务为什么没有完成，或者是如何成功完成的。当然还可以请爸爸妈妈监督我们，或者请他们根据我们完成计划的情况，定期提一些建议。学习虽然是自己的事，但也离不开他人的支持。

完成计划是对自己成长的标记。虽然思维的成长、知识的增加是隐形的，但学习计划是看得见的，它就像衡量我们隐形成长的一个标尺，是成长的见证，所以制订的计划一定要坚持完成。

说好咯，每周完成
一张练习试卷。
一定不会输给你！

这张试卷就这一
道题我不会做。
这道题可以
这么解……

4

如何合理高效地安排自己的时间？

在日常的学习中，很多人都很随性，想到什么做什么，不会合理高效地安排自己的时间。其实，合理高效地安排时间，是一个梦想，或者说是一种理想状态，不会轻易实现。不过，我们仍需朝着这一目标前进。

我们经常说劳逸结合，但是有的人喜欢先写作业再去玩，就算不吃饭也要先写，把玩的时间一股脑儿留到最后。而有的人可能过度放松自己，玩了很久，直到来不及了才开始写作业。也许大家会觉得前者很刻苦，其实，二者的做法都不算合理地安排时间。

◎真正合理地安排时间，意味着在时间分配上要保持平衡。因为每个人所面临的情况不一样，所以先要对自己有清晰的认识，明确自己的薄弱环节。比如，有的人只顾着埋头学习，久坐不动，结果视力严重下降，体重涨得也有点快，这时就应该意识到，不能把所有时间都投入学习中，而忽视了户外锻炼和身体健康。要减少学习时间，多到户外跑跑跳跳。

而有的人可能非常喜欢体育，每天都会锻炼，但对看书学习不感兴趣，甚至不愿意完成作业，这样的时间安排同样是不合理的。要将户外活动或游戏时间匀一些出来，保证有足够的时间来学习。

◎注意高效利用时间。所谓高效，就是用好每一分钟，在规定时间内达成目标。比如，我们决定从学习的时间里分出半小时来做运动。可如果在这半小时里，我们只是随便在操场上走几步，这就是低效，而跑起来、跳起来，让自己真正感受到运动带来的快乐，这才是高效。不能白白浪费生命中的半小时。

同样，如果我们决定从体育锻炼的时间里分出半小时写作业，却一直坐在那里不动笔，或者只动几笔，没有完成作业，没有思考，这也是低效。

合理和高效也是因人而异的，可能大多数人会给自己玩的时间多一些，学习的时间少一些。我还是希望大家能够进行适当调整，成为一个会学习的人。

最近去打球花了太多时间，接
下来要多花精力在学习上了！

5

怎样才能学习不偏科?

关于偏科，存在一个误区，大家认为不喜欢学某个学科就是偏科。实际上，偏科有两种情况：一种是某个学科特别强，其他学科都弱；另外一种是某个学科较弱，其他学科都强。如果所有学科的学习成绩都差不多，不管是都强，还是都弱，就不算偏科。

偏科是正常的，提出多元智能理论的美国教育心理学家霍华德·加德纳认为，人的智能是有侧重的，自己擅长的学科的成绩会比其他学科的成绩要好一些。

如果偏科了也不要紧张，不要暗示自己某个学科就是学不好。假如语文、英语能学得好，这就证明我们是有学习能力的人；而数学学得不好，并不一定是天生学不好，可能有一些客观原因。有人认为女孩学不好理科，尤其是数学，但有很多数学家或科学家都是女性，她们用她们的成就打破了这种偏见。

我们不必强求每一科都必须学得特别好，但也要知道自己哪方面比较弱，多下功夫，让薄弱的学科慢慢变强。那具体怎么做呢？

◎**想方设法找到适合自己的学习方法。**很多时候，偏科是因为没有掌握学习这门学科的方法，甚至连入门的方法都没掌握，所以跟其他同学相比，我们用了同样多甚至更多的时间，却没达到预期的学习效果。面对薄弱的学科，要找到合适的学习方法。比如学语文时，在基本读懂文章的基础上，可以问自己几个问题：文章写了什么？作者为什么写这篇文章？他是怎样表达观点和想法的？这种表达方式好不好？……在这些大问题的带动下，再去研究具体的词句段的运用，这样我们就可以把思考框架和语言运用结合起来。这套流程让我们形成了一种思维习惯，以后不管读什么文章，都能从多个角度思考问题。

◎注重学习交流。主动跟那些在我们的弱势学科上特别强的同学交流学习问题，可以是具体学习内容的探讨，比如一道数学题怎么做；也可以是学习方法的交流，比如学习难点如何突破。说清楚自己的困难是关键，不然同学也难以有针对性地解答我们的困惑。与同学交流不仅能让自己得到帮助，也能让对方深入思考，给我们讲得越多，他们的思路也就越清晰。

◎学会寻求“专业人士”的帮助。我们最容易接触到的专业人士就是老师，要学会向老师表达自己的困难。另外，有条件的同学可以学习使用 AI，学会向 AI 提问，AI 会提供一种或多种解题思路，但要警惕 AI 也会犯错。

注重以上三个方面，各个学科的发展就会逐渐均衡了。

妈妈，我听别人说女生是学不好数学的，那我还有必要努力吗？
谁说的？我可不同意！
世界上可是有许多著名女性科学家的！像居里夫人、屠呦呦……数学是科学的基础！

6

上课记笔记时总是跟不上怎么办?

笔记一般分为两种类型，第一种是记老师说的话，或是老师让记的重点。第二种是记自己的发现，比如，老师讲的时候我们忽然想到了什么，就可以把它写下来。我们听到不理解的地方，也可以画图或用一个词标记一下。

也许很多同学会说，平时课上的时间都用来听讲了，还不一定能听明白，根本没时间记笔记。一定要记笔记吗?

不管老师要不要求，上课都一定要记笔记。如果我们只是端坐着听讲，很多信息在未经深入思考的情况下会被迅速遗忘。记笔记会让思维参与到课堂中来，促使我们在听的同时，进行思考和信息整理，有助于我们更好地理解学习内容。所以，如果想让自己的大脑动起来，就一定要记笔记。

记笔记时经常跟不上老师讲课的速度，该怎么办呢？

◎笔记可以只记关键词。如果记笔记时跟不上，可能是因为老师语速比较快，那么，除了提高自己的写字速度，还可以只记老师说的关键词，不一定要把老师说的每个字都记下来。

◎利用符号或简写辅助记录。如果记的是自己的发现，那也需要技巧和练习。有时候我们可能心中有所思考，但难以用言语表达出来，那就可以绘制一些自己能看懂的符号或用简写来辅助记录。重要的是，笔记是为自己而记的，它给我们提供了日后复习和整理的机会。

我们记笔记时，还有一些问题需要注意：

◎笔记不要记得太零散。很多人会把笔记记在课本上，虽然有时候这是老师的要求，但最好能做到不同的学科有不同的专用笔记本。当然，如果觉得集中梳理更方便，那我们也可以只用一个笔记本，然后按照日期或学科来记录不同科目的笔记内容。

◎记下来的笔记不应被随意放置在一边，而是应该定期进行整理。因为笔记集中了自己的很多学习思维成果，这些慢慢就会成为我们学习的捷径。此外，我们常说“吾日三省吾身”[1]，“省”的线索就可以是自己的笔记。

如果觉得用传统的手写方式记笔记有困难，那生活在 21 世纪的我们可以利用现代技术来记笔记。比如，如果条件允许，可以用录音笔把老师讲的录下来，当我们在课后整理笔记遇到困难时，可以回放录音，以此回忆老师讲解的内容和自己当时的思考。不过，最好还是能现场记录，这样会让我们的思维随时保持活跃，也节省了后面再去整理笔记的时间。

笔记，是思维和行为参与学习的表现，记笔记能提高专注力和反思的能力，也能为学习提供一个结构框架。通过不断整理笔记，我们会明白如何更有效地学习。

---

[1] 出自《论语 · 学而》，意思是我每天多次反省自己。

你画的这些符号
是什么意思啊?
这是我上课的笔记,
不懂的地方就画一个。
我上课时总是因为记笔记
而跟不上老师讲课的节
奏,你这个方法真不错!

7

该怎么预习？

在学习新的一课之前，老师经常会让我们预习，提前做一些准备，查阅一点资料，但是很多同学对具体该怎么预习还是一头雾水。

中国有句古话说，“凡事预则立，不预则废”[1]，这里的“预”指预先、事先做好准备。在学习中，预习就是指提前学习，也有按计划、按规划学习的意思。

预习要为上课做准备。上课的时候以老师组织学习活动为主，如果所有的学习内容都是新的，同学们

[1] 出自《礼记·中庸》，意思是做任何事情，事前有准备就可以成功，没有准备就会失败。

就会遇到很多困难和挑战，就像打一场没有准备的仗。

◎预习不仅要从整体上把握，还要在关键问题上有准备。预习的时候，如果发现课本中的某个地方怎么都看不明白，某道题的解法怎么都看不懂，那我们就要标出疑难点，等老师上课讲解这部分内容时，要竖起耳朵用心听。如果老师没讲到，可以提问，这样我们的疑难问题就能得到解决。预习让我们知道了学习的重点，上课的时候也就能有的放矢。

◎预习要有所收获。比如说，读完一篇课文后有什么独特的想法，可以记下来。上课的时候，当老师问到这个问题时，我们就可以发表自己的见解了。老师更喜欢有思考力的孩子，同学们也会认为我们表达得很好，同时，也会让我们对学习更有信心。

◎预习要讲究方法。第一种是整体预习的方法，就是明确预习的内容在整册书中的位置，找到坐标点就不容易迷路。然后看看预习的内容和前后内容有什么区别和联系。区别往往显而易见，联系就需要从内容、形式、方法等方面进行思考。发现了知识之间的联系，学起来就会比较容易。第二种是细节预习的方法。可以通过构成每个学科内容的材料来发现细节，比如语文、英语的词句段运用，数学的计算类型和方法。预习的时候要找到自己感兴趣或者不理解的细节进行思考。第三种是总结预习的方法，就是预习结束后，用画图、画表、写关键词等方法把预习的收获表示出来。这个过程就是思维梳理的过程，能够让我们更深入地理解预习的内容。

学习是自己的事，预习就是学习的第一步。面对新的学习任务，我们一定要提前学，有计划地学，争取获得良好的学习效果。

哥哥，你为什么在书上画圆圈啊？
我在预习课文，把不会的标出来，等老师讲的时候认真听。

8

该怎么复习?

当回顾之前学过的内容时，我们会发现有些知识点自己并没有完全掌握，或者说根本没有学会。这时，就需要通过复习来巩固提高，“吃透”知识点。

复习，即再一次学习或者练习。既然是又一次学习，那么到底应该怎么复习才有效果呢?

◎先去看课本。众多专家耗尽心血，才把每个学科的课本编好，供我们学习使用。课本会有逻辑地呈现系统的知识，还会通过具体的例子和清晰的解释，帮助我们初步理解各个学科中的各种概念，比如数学里的“图形的面积”，语文里的“比喻”“拟人”等。

课本中的每一章节、每一段落都可能包含了重要的信息，这些内容是理解和解决复杂问题的基础。所以，复习时认真去读课本，会有不同的发现。

◎翻看课堂笔记。课堂笔记中可能记录了关键信息，包括老师讲解的重点、课堂上互动讨论的过程，以及个人在学习过程中产生的疑问。笔记中的记录和疑问，也能指引我们发现此前学习时忽略的部分，从而有针对性地查漏补缺，更加深入地学习，达到融会贯通的境界。

◎回顾作业、练习中的错题。我们可以通过作业、练习和考试中所犯的“错误”，来发现自己未“吃透”的内容，整理和分析这些“错误”能让我们更深入地思考，并产生新的认识。比如，做语文阅读题时，可能会在“说说你的理解”这个方面出错，那我们就可以把这些内容都整理出来，研究问题究竟出在哪。如果是理解的角度不够全面，那就需要从人物、作者、读者等多个角度来理解；如果是理解得不够深入，那就需要用“举例子”“打比方”等方式来说明。

◎寻找能够提供帮助的人来指导自己。在这个过程中，可以先阐述自己在某个问题上的困惑，但要避免说“我完全不会”。通过前面的分析，我们基本能了解自己为何会多次出错，自己的思考过程是怎样的，将这些告知指导者，然后让指导者帮助我们梳理思路，找出问题所在。这一步非常关键。

◎复习不能只是看、问、听，还要多练。复习其实就是刻意练习、有目的地练习。比如，对于那些经常出错的题，我们就可以找十道跟它们同类型的题反复去练，慢慢地，我们就会掌握其中的规律，直至完全答对。

就像学习跳绳或其他技能，不会的话反复练习也是一种方法。不过，我们要在练习中不断思考，思考的时候不断总结规律，然后再去应用到练习中。久而久之，我们就能完全掌握那些没有“吃透”的知识。

（老师）
这道题真的不会解了！
同学们遇到不懂的，一定要记得回归课本！
对，先看看课本是怎么讲解的。
数学

9

如何加快写作业的速度？

写作业速度慢，不仅让爸爸妈妈头疼，我们自己也很着急，这甚至成了全家的一大难题。

如何加快写作业的速度？我这里有几个小建议分享给大家：

◎提前准备好写作业要用的所有东西。写作业之前，我们就准备好笔、橡皮、尺子等文具，以及作业本、参考资料、可能会用到的课本等，这样就不用在写作业途中再去找，避免浪费时间。

◎不要分心。写作业的时候，尽量不要让手机或者电视分散我们的注意力。想象一下，如果我们一边看动画片一边做作业，自然会影响写作业的速度。所以，最好远离这些会让我们分心的事物，在一个相对安静的独立空间中，专心写作业。

◎休息一下。长时间做同一件事情会让人觉得累，效率也会下降。我们可以像课间休息一样，每写完一部分作业就站起来伸伸懒腰，跳一跳，让大脑也休息一下，然后再继续写，这样的话，写作业的速度反而会更快。

◎在完成作业之后做一件自己特别想做的事。我们可以在完成作业后做一件自己感兴趣的事，或者特别想做的事，无论是打球、游泳还是做手工，只要是自己喜欢的都可以。有一件更喜欢做的事在等着我们，我们就会不自觉地加快写作业的速度。

◎设定完成作业的时间。我们先计划要用多长时间完成作业，然后通过设定闹钟或者使用计时器来计时，增强我们对时间的感受和把握。比如，计时二十分钟，要求自己在这段时间内完成语文作业。这么做就像玩游戏，每过一关都会体验到成就感，写作业会更有动力，写作业的速度也会快一点。多多进行这样的训练，我们就会逐渐形成时间观念，慢慢掌控好时间，提升写作业的速度。

提高写作业的速度需要我们慢慢练习和改进，希望我的小建议能帮助到大家。

今天的效率好高呀！
赶紧写完作业，就可以跟朋友一起去打球了！

10

如何提高学习效率?

有的人可能会把提高学习效率和提升考试分数混为一谈，这两者并不能画等号。考试成绩会受到多方面因素的影响，如自身的学习情况、题目难度等。认为只要努力学习，考试分数就一定会提高，这是不完全正确的。不过，想要考得好，提高学习效率肯定非常重要。

所谓效率，就是单位时间内能完成多少工作量。比如，我们用十分钟就能写完语文作业，其他人却要用二十五分钟才能写完，那我们的效率可能就比较高。

为什么说“可能”？因为提高学习效率，不仅要看速度，还要看质量。除了完成作业，我们是否还有其他收获？在书写的过程中，有没有发现新的观点或规律？这些作业能不能让自己的语文学得更好？只有当这些问题的回答是肯定的时，我们才能说这份作业是高质量的。因此，做任何事情，除了关注数量，还要重视质量。

那如何提高学习效率呢？

◎上课时务必全神贯注地听讲，紧随老师的思路进行思考。提高学习效率的关键在于我们要充分把握课堂上的每一分钟，集中注意力，避免分心。当老师布置练习任务时，无论是朗读还是计算，我们都应该积极参与。这样，我们才没有浪费在学校里上的每一节课，这才是真正的高效。在学校里懒散，只等着回家找辅导老师补课，或者让家长讲解，这就是低效，是不可取的。

◎共同学习时最能提高学习效率。听听其他同学的观点，观察他们的思考方式，浏览他们完成的作业，都有助于提高学习效率。当接触到的信息更广泛、更多样时，我们的思维就更活跃，学习效率也就更高。

而回家后做作业是一个思维整理的过程。就像从书店买了很多书带回家后，我们需要把它们分门别类地放在书架上。在挑书、付款的过程中，我们已经做了很多工作，比如熟悉了书中的内容、了解了书的价值等，最后的图书分类是在此基础上进行的。因此，作业不是核心的学习内容，提高学习效率不只是提高写作业的效率，更重要的是提高在学校上课的效率，让思维的参与度更充分。在课堂上，我们听老师布置练习、讲评时，或者与同学讨论时，思维都要跟上来，这样才有可能提高学习效率。

为什么哥哥就能这么快写完作业呢?
因为我在课上全神贯注地听讲了呀!

第二章

如何养成良好的学习习惯?

11

如何养成良好的学习习惯?

大家都知道养成良好的学习习惯有助于提高学习效率，而学习习惯又包含很多方面，比如阅读习惯、写作习惯、完成作业的习惯……这么多学习习惯，该如何着手培养呢?

其实，在众多的学习习惯中，最重要的是思维习惯，因为学习的关键在于思考。算出来的答案、写出来的作文，都不过是一种结果的呈现，而在它们背后是看不见的思考过程。比如，解题的运算步骤、作文的写作思路，都是先经过思考才有了成果。

那如何培养良好的思维习惯呢?

◎学会多角度思考。这个世界并不是非黑即白的，都是介于这两者之间的。在学习这件事上，一定要学会多角度思考。比如，看待书中的一个人物，就不能只从作者的角度看，也不能只从读者的角度看。我们要辩证地看待问题，而不是只给出对与错、好与坏这样的简单判断。再比如，学习完课文《牛郎织女》，有的同学觉得织女争取到了自己想要的人世幸福，有的同学则毫不留情地点评织女是“恋爱脑”，大家怎么看待呢？理由又是什么？我们不妨思考一下。

◎养成多路径解决问题的习惯。举个例子，一道题如果按老师讲的方法解不出来，自己就多多尝试其他方法，看能否解出来。如果一本书读不懂，可以求助家长、老师、同学，或者自己研究、上网查询。这就是利用多条路径解决问题。学习路径大多取决于思维的路径，能够从不同的角度进行思考，我们就能找到解决问题的方法。

除了思维习惯，还要培养良好的表达习惯。学习不仅要吸收别人的成果，还要表达自己的观点。写一篇文章，甚至写一句话，都是表达。画一幅画、写一首歌，也是表达。数学中的 5+2+3=10，就是一种数学表达。有的人还会把数学计算写成数学诗，比如：雪花+雪花=漫天大雪。这就是把数学的表达和语文的表达融合在一起了。

所谓习惯，就是习以为常，不管是思维习惯还是表达习惯，反复去做并学会坚持，就能养成良好的习惯。

太感人了，牛郎织女终于在一起了！
我倒是觉得做仙女更好一些！

12

怎样改变懒惰的习惯？

早晨，有的人不想起床上学，到了学校也懒洋洋的；晚上回到家拿出今天的作业，又拖延时间不写；如果老师不检查课外作业，有的人就懒得做了。很多人都想好好学习，但又懒得学，该怎么改变呢？

◎克服生理上的懒惰。如果发现自己做事打不起精神、懒得动，别慌，每个人都可能会这样。如果天天久坐，大脑的供氧量就比较低。习惯了不运动，血液供给和含氧量在降低，身体就会越来越懒。而运动能让人变得兴奋，活力满满，运动时呼吸变得急促，血液循环变快，整个大脑的供氧量都会增加，人就会充满精力。到楼下、操场上去跑跑跳跳吧，我们的大脑也会跟着活跃起来。

◎**克服心理上的懒惰。**我们为什么懒得写作业？因为做这些会遇到困难。尤其是课上可能没理解，作业量又大时，我们就会害怕，不愿意翻开作业本，不愿意开始学习。这里有一个战胜这种恐惧的秘诀分享给大家，就是“不求完美”。做作业时，不要想着把它写得多完美。就像写作文时，不要一开始就想着一定要让大家都觉得自己写得好。不要先考虑完美，而要先考虑完成，这是最重要的。

◎**克服行动上的懒惰。**我们觉得自己每天都在学，但有时好像看不到进步，就懒得继续学了。“拳不离手，曲不离口”，大脑越练越聪明，手也是越练越灵巧。“一日练，一日功，一日不练十日空”[1]，就像练字，一天不练就会生疏。我们要掌握学习的原理，就是每天都要进步一点点。“学如逆水行舟，不进则退”，每天努力奋斗才能有所进步，每天勤奋学习才能保证取得好成绩。如果懒惰了几天甚至更久，我们就会退步。

---

[1] 出自《增广贤文》，意思是练一天，有一天的收获，一天不练，十天的辛苦都浪费了。

学习不可能轻易就学有所成，而是需要长久坚持，克服重重困难，那就让我们从努力改变懒惰的习惯开始吧。

后面的题实在懒得做了……
打不起精神的话，跟奶奶出去运动一下怎么样？
竟然活力满满了！好像可以回去继续做作业了。

13

太贪玩怎么办?

有的同学放学回到家就想看手机、玩游戏，作业被抛到脑后。假期也是如此，一放假就开始“疯玩”，直到假期的最后几天才挑灯夜战补作业，试图几天内创造一个“奇迹”。太贪玩了，怎么办?

◎不把“玩”和“学”完全对立起来。玩耍中也可以学习，因为在玩的时候，头脑和肢体、理解能力和行为能力都得到了一定的锻炼。如果将“玩”和“学”完全对立，我们在玩的时候就容易产生“负罪感”，每次贪玩之后，都会觉得自己做错事了。“做错事”实际上是对大脑和心理的刺激，而刺激会加深记忆，可能导致下一次我们对玩的记忆更深刻，这就形成了一个恶性循环。

◎分析贪玩的原因，从中获得启示。有时候玩也很累，但我们感受的多是快乐。这是因为在玩的过程中有很多充满新鲜感的变化，我们愿意一直玩下去，不断冒险，乐此不疲。并且，玩的效果反馈比较及时，我们很快就能知道自己玩的水平。比如打游戏能获得即时反馈，通关后，游戏官方可能还给增加装备，游戏让我们觉得自己能得到的东西很多，所以更加喜欢玩了。这就是我们贪玩的原因，这也给我们带来启示——一定要有意识地增加自己的学习体验感。

背古诗和游戏闯关一样困难重重，既然打游戏可以查攻略、多次尝试，背古诗也可以想办法一句一句地背下来。只要挺过困难时期，就一定能成功。有人可能会说，这些道理我们都懂，可一款游戏为了吸引玩家，背后有无数设计师使出浑身解数来设计人物、画面，古诗背诵可没有这么多设计，那我们可以尝试自己来当设计师，例如，一首五言诗有四句二十个字，我们把这二十个单独的字分别打印出来，试着去拼成诗句。将背诵设计成拼贴游戏，背诵古诗就有趣多了。

玩的时候乐此不疲，是因为我们觉得玩到什么程度都没关系，没有很大的心理负担。以玩的心态来学习，别告诉自己一定要学得多好，而是告诉自己一定要一步一步地学会，这样我们就把玩和学习结合在了一起。“玩”和“学”在时间分配上更加合理，也就解决了“贪玩”而“忘学”这个问题。

用游戏的方式一下就
把这首诗背下来了！
欲穷千里目
更上一层楼
对啊！真神奇！

14

有时候想拖延怎么办?

有时候由于各种原因，我们就是不想写作业、不想读书，结果不能在规定时间内完成学习任务，这种拖延会造成严重的后果吗？该怎么应对呢？

偶尔拖延一下是没问题的。我们不可能一天24小时、一年365天都充满干劲，即使是大人也做不到。机器人有时也需要充电，需要更新程序，更何况是血肉之躯呢？我们需要适时调节自己的情绪、身体状态。

拖延就像计算机宕机一样，是一种自我保护。偶尔的拖延，是由于我们这段时间的心理状态、身体状态不佳，这没有什么问题。即便拖延，我们最终还是能够完成任务，而且这样的拖延有时反而能提升效率。因为自己知道不应该拖延，就会迅速调整好状态按时去完成任务。就像有时我们玩了一天，可能会感觉很愧疚，第二天会更努力学习一样。所以，如果偶尔拖延，大家也不要给自己施加太大的心理压力。

但是，如果一项任务拖延了很久也不想去做，这就需要引起注意，我们要来判断这项任务是不是不可完成的任务。如果这项任务是能完成的，我们却没有完成，那可能是内心抵触，或者方法出了问题。

比如，写一篇作文时迟迟无法动笔，可能是对自己过去写的东西不满意，导致这次没有信心写；也可能是毫无思路，真的写不出来……无论是哪种原因，都要积极应对。如果对过去写的作文不满意，就要明确什么样的作文是自己满意的，然后去学习新的写作方法，如读读优秀作家的作品，看看作家是怎么写的，再运用到自己的写作中，直到写满意为止。如果毫无思路，可以试试练习从一个词开始联想。比如“美丽”这个词，首先想是谁美丽，是一朵花还是一个人？然后想为什么美丽，是因为外形还是因为内在？接着想是哪些细节体现了美丽，是颜色还是形状？是外表、语言还是行为？就这样，选择一个词来练习“是什么”“为什么”“怎么样”的写作结构，慢慢就能一步步地写下去。

有时候想拖延是身体发出的信号，我们要接收信号，做出判断和选择。如果这项任务是当天要完成的作业，尽量不要拖延，要及时完成。如果这项任务是我们计划中的一件大事，可以稍微拖延一下，放自己一马，因为它不可能一下就完成。

总的来说，想拖延的时候，我们要根据实际情况做出合理的选择。

这个假期好多作业，
真不想做啊……

先把紧急的作业完成，其他
的可以安排到后面几天再做。

15

写作业姿势不端正怎么改正?

很多时候，我们正沉浸在作业中呢，突然，爸爸或妈妈用手拍拍我们的后背说:“把背挺起来!”于是我们被迫挺胸抬头，但是，写着写着，背又驼了，腰又直不起来了。该怎么纠正坐姿呢?

◎借助外在的工具或外在的监督。市面上有很多矫正坐姿的产品，戴上之后，想驼背都很难。上课的时候，老师也会提醒我们写字要做到“一尺一拳和一寸”[1]。在家里，家长也会监督我们。但是，借助外在

[1] 眼睛与书本要保持一尺（约33厘米）的距离；身体与课桌要保持一个拳头的距离；握笔时手和笔尖要保持一寸（约3厘米）的距离。

的工具或监督的效果普遍不是特别理想。有的同学一脱下矫正产品、一离开家长的视线就“原形毕露”，无法保持端正的姿势了。

◎给自己提要求。我上小学时，班上有个同学整节课都能保持端正的坐姿，老师让大家以他为榜样。我们向他讨教经验，他说他观察到学校里的杨树长得高大挺拔，而旁边的小树却弯弯曲曲。于是他心中有一个目标，就是不要长成歪歪扭扭的“小树”，要有挺拔的身体姿态。我们也觉得颇有道理，既然都是成长，为什么不努力长成一个身姿挺拔的人呢？

◎锻炼身体。每个人的身体条件不一样，有的同学腰腹肌比较发达，能够长久地坐端正，但有的同学坐一会儿就没劲儿了。大家要锻炼身体，增强力量。比如，多练仰卧起坐，让自己的肌肉发达起来，这样既能纠正身体姿态，又能为学校的体测做准备。

有这样一个真实故事：有一个男孩因患有一种先天性的肌肉病，从出生起身体就扭曲成一个“Z”字形，整个头贴在后背上，呈“折叠”状态。不了解他的人看到他，可能会觉得他很自卑、敏感，但实际上，他是个十分乐观、阳光的孩子，他还通过自己的努力考上了大学。后来幸亏一位医生能够帮助他，通过超高难度的手术对他的颈椎进行复位，他的头才慢慢立起来，身体才伸展开[1]。他经受了常人无法承受的痛苦，甚至冒着生命危险去做这样一个手术，就是为了“打开”自己的身体。

作为一个正常人，我们更应该珍视自己健康的身体，用正确的身体姿态、昂扬向上的精神来支撑自己，长此以往，整个人的状态也会发生质的改变。

[1] 这个男孩叫姜延琛，2023 年 5 月 25 日，他迎来了改变人生的第一次身体矫正手术，这场手术是中国首例，也是世界首例。经历了第一个阶段的两次手术后，他的身体终于从反向折叠 180 度矫正到了 90 度。

大雪压青松，
青松挺且直。我也要像青松一样！

16

遇到不会的问题马上就去问别人，这样好吗？

古人言："学贵知疑，小疑则小进，大疑则大进。"[1] 有问题向别人请教，这肯定是一个好品质。作为小学生，我们更应该去请教自己的同伴、老师、家长，这也是非常重要的学习途径。

但值得注意的是，有了问题，先自己尝试去思考和解决，这样才能有更大的收获。

[1] 学习贵在善于思考，心存小的疑问和困惑（并去思考），就会有小的进步；心存大的疑问和困惑（并去思考），则会有大的进步。

频繁地求助他人不仅打扰了他人，还会带来其他问题。比如，我们不会写某个字，就立刻去问家长，之后遇到另一个字不会写，又习惯去问，这样就打乱了自己的学习节奏，学习的过程变得很破碎。所以当遇到一个字不会写的时候，我们可以先把它放在那里或者写上拼音，最后再去查字典。学习需要有声的老师，也需要字典、课本这样“无声的老师”。

如果在写作文时遇到难题，我们就可以去“问”课本。比如，作文题目要求写一处景物，我们不会写，但是课本中有一个单元的课文正好都是写景的，那我们就去翻一翻，看看哪种写作顺序能模仿，哪句话可以引用。或者，也可以去查查读过的书，看看能不能根据其中写景的部分进行创作。懂得去求助“无声的老师”，这也是一种好的学习品质。

其实，提问也是一门艺术，讲究问的时机和问的深度。比如，有一道数学题不会解，我们画了线段图，运用了验算的方法，可还是做不对，于是久久困在其中。如果先自己思考，再去求助别人，那么就形成了研究和探讨的氛围，既能激发我们的思维，也能让我们请教的这个人讲得更有针对性。这样的交流互动更有效率。

学习中遇到问题要学会向他人请教，但是，我们要清楚地知道自己的问题是什么，还要学会向“无声的老师”——字典、课本、图书等求助，这样才能提高学习效率。

这个地方不太会写，
我去问一下老师。
今天太晚了，
明天再问吧！
是无声老师啦！
语文

17

在学习过程中怎样保持好奇心和探索精神?

我们经常会听到类似这样的话:“好奇心是学习者的第一美德。”“人的天职在于勇敢探索真理。”作为小学生,怎样才能做到在学习面前永葆好奇心和探索精神呢?

◎知识越丰富,好奇心和探索欲望就越强烈。就像登山,攀登得越高,视野就越开阔,人们就越想知道山顶上能看到怎样的风景。古希腊哲学家芝诺说:“人的知识就好比一个圆圈,圆圈里面是已知的,圆圈外面是未知的。你知道得越多,圆圈也就越大,你不知道的也就越多。”如果我们知道宇宙深空，知道透过韦伯空间望远镜能够看到什么，那就更想去探索地球之外、银河系之外的广阔空间。

◎拥有比较长远的目标，可以帮助我们在学习过程中保持好奇心和探索欲。相信很多人都在作文里写过自己未来想成为一名科学家，但这是一个比较模糊的目标。想要实现这个目标，我们需要清楚实现这个目标的路径。比如可能要学生物，还要弄清楚基因的奥秘，研究人类基因中是否存储了祖先的信息等。学着学着，我们就会意识到还有如此广阔的领域等待着人类去探索。在这个过程中，我们也将明白自己到底是想要成为研究哪个领域的科学家。

有人认为，小学生还没法学那么多知识，也不可能设定一个长远的目标，但是，好奇心的培养正是从探索未知开始的。如果我们原本对阅读文学作品感兴趣，那么也可以尝试读一些科学类书籍；有的人也许对恐龙感兴趣，那也可以读读关于植物的书；读了关于昆虫的书籍后，也可以像法布尔撰写《昆虫记》一样，观察昆虫并将自己的发现记录下来。这些都是在尝试探索未知的领域。

◎**找到起点，好奇心和探索精神才能持续。**好奇心是有一个起点的，我们要找准一个点，由这个点出发画一个圆，去找到更多喜欢的或者感兴趣的东西。比如，我们在数学学习中经常遇到“鸡兔同笼”[1]的问题，老师可能会讲古人是如何解答这类问题的，那我们就可以顺着这个线索去阅读相关的古代书籍。

好奇心有时候是一闪而过的，而学习上的持续成长依赖于持久的好奇心和探索精神。希望每个人都能及时捕捉到可贵的好奇心来发展自己，助益学习。

---

[1] 中国古代著名的典型趣题之一，大约在1500年前，《孙子算经》中就记载了这个问题。

外面的世界是怎样的呢?

18

什么时候是学习的最好时期?

有些心细的人可能会发现，学习是有黄金时段的。在这个黄金时段里学习，效率会更高，成果也更显著。

心理学研究人员发现，一个人的学习有不同的关键期。所谓关键期，就是这个时期学哪个方面最关键，比如，小学三年级可能是学写作文的关键期。因为一、二年级时，我们积累了很多字词，到了三年级，终于有能力将所思所感、所见所闻写出来了！所以三年级就是学写作文的最佳时期。

那错过了关键期怎么办？可以通过努力来挽回。

也许我们三年级时没有好好学写作文，但上了四年级也有提高的机会。关键期可能适合大多数人，但并不一定适合每个人。其实，对一个人的成长来说，每一天都很关键，多学一天就有一天的进步。学什么都学好、学会，这才是关键。

在一天当中，什么时候是学习的最佳时段呢？有一个流传很久的说法：人大概分为两种类型，一种是百灵鸟型，另外一种是猫头鹰型。百灵鸟型的人就是那些早睡早起的人，他们早晨起来时精力最充沛，那早晨就是他们学习的最佳时段；猫头鹰型的人也叫“夜猫子”，他们“晚上不睡，早上不起”，白天没精神，夜深人静的时候思维最活跃，这个时段最适合他们学习。不管哪种类型的人，都应该保证充足的睡眠时间，休息好，才能学得好。

其实，什么时候是最佳的学习时期取决于我们的心态。学新知识的时候，首先要告诉自己不可能一步就学会，一学就会的天才是非常少的。但只要用心学，我们就一定能学会。

大家没必要纠结什么时候是最佳的学习时期，也不用纠结自己之前少学了什么，已经落后了多少。多纠结一分钟，学习的时间就少了一分钟。什么时候都是最好的学习时期，什么时候开始学都不晚。

怎么啦？
都说三年级是学习作文的关键期，这都期末了，我的作文还是很差……
别担心！现在补救也不晚，我们寒假一起学习！

19

假期结束回到学校，怎样快速进入学习状态？

无论多长的假期，似乎都是短暂的。好像放假第一天的兴奋还意犹未尽，假期就即将结束了。有些同学已经“玩嗨”了，该怎么收心开始学习呢？比较长的假期，比如寒假、暑假，就不能等假期结束的时候才进入学习状态了，而是从倒数第三天开始就要做准备。

◎整理寒假作业或暑假作业。在这三天里，我们要整理一下各科老师布置了什么作业，自己做到了什么程度。因为假期时间比较长，大家可能记得不是很准确，所以有时候甚至还要和老师、同学沟通一下作业的内容。

◎了解下学期学什么，学到什么程度。家长通常会为我们提供帮助，比如，他们会给我们提前买一些学习参考书。有时需要寻求高一级同学的帮助，我上学时，特别喜欢跟高一级的学长借他们的教科书看，通过教科书用过的“痕迹”，就能看到他们都要学什么，是怎么学的。这些“痕迹”有记录老师讲解的，有批注自己的感受的，还有用图画表达自己的理解的……大家的学习方法各不相同，这也启发我们，要在合适的情境中运用适合的方法。

大概了解下学期要学什么内容之后，我们就可以做一些准备，比如，提前准备好字典、词典这样的工具书，还有讲学习方法和学习策略的书以及三角尺这样的学科文具。此外，我们还可以给各学科设计相应的“工作纸”，比如，学习计划的工作纸、课堂记录的工作纸。最好把工作纸集中在一个活页本子中，这样以后查阅时就会比较方便。

◎做好新学期的计划。想一想新年级、新学期自己要在哪些方面有所发展，或者重点关注自己的一些弱项。比如，自己马上要上五年级了，在五年级的第一学期自己打算学什么技能、读什么书，要不要参加学校排演的戏剧……我们心中对这些都要有规划，看看新的学期能不能遇到更好的自己。

总结起来，这三天要做的工作就是先整理已有的（作业），再看自己没有的（下学期的学习内容），最后做好大致的发展规划。有了总体计划，开学之后我们就能快速开启沉浸式学习了。

假期中的我们不仅得到了休息和调整，进步也在悄然发生，因为我们可以有很多时间参与家庭和社会活动，增长见识，提高对自己和世界的认识。但可能有的同学安排不合理，一直忙于各种假期活动，最后才想起来要完成作业。这种做法并不可取，如果已经发生，就需要在假期结束前的更早几天，做好前面说的各种准备和规划，以便开学后能快速、顺利地进入学习状态。

明天开学了，我用零花钱给自己买了一个新书包。
好期待看到你的新书包呀！我买了新的文具盒。

第三章

如何提高学习能力?

20

学习总分心，怎样才能集中注意力？

有些同学下定决心要好好学习，但是学着学着就忍不住开始走神。上同样一节课，有的同学就能全神贯注，有的同学则东张西望，根本无法集中注意力。学习的时候，为什么一些不相干的东西总是会莫名其妙地进入大脑呢？

◎对所学内容不感兴趣导致分心。对学习内容是否感兴趣与学习难度有关。有时候学习的内容难度刚好“跳起来能够到”，我们就比较感兴趣，学习的内容太难就不太感兴趣。比如，面对写作文、解数学难题，有的同学因为在这两个方面有较好的基础和兴趣，就比较容易投入，而有的同学将它们视为无法翻越的大山，就容易分心。

◎有人或事在吸引自己的注意力。比如，上课的时候突然有个同学的杯子掉在地上了，我们就分心了；同桌凑过来讲一些与学习无关的内容，也会让我们分心；所做的题目提到了校园运动会，我们自然而然地想到了学校举办运动会的场景，就开始走神。

◎心理负担过重导致分心。有的同学每次做题时，都要求自己必须做得又对又快，他们担心如果做错的话，老师会批评自己，同学也会嘲笑自己。这种过高的自我要求以及对结果的负面想象，都会让我们的心理压力过大，进而导致分心。

每个同学都知道集中注意力的重要性，那么，怎样才能集中注意力呢？

◎面对学习中的困难，不放弃、多尝试。如果是因为题目不会做而走神，那么我们要解决的就是怎么把它学会。比如翻翻书，或者回想一下老师是怎么讲的，自己能不能根据听讲的情况来解决，或者请教父母、同学、老师。多多尝试不同的方法，我们慢慢就能掌握解决问题的办法，注意力也会日渐集中了。

◎**注意力是一点点练习出来的**。有一个著名的寓言故事叫《纪昌学射》，讲的是纪昌想要跟善射的飞卫学射箭，飞卫告诉他先要练习眼力，要练到看小物体像看大东西一样清晰，然后再去找他。于是纪昌在窗户上挂了一只小虫子，每天远远地看，三年之后，他看到虫子仿佛看到大车轮。这就是专注力的提升。学习的时候，不管是在校内小组讨论，还是在家做作业，我们都应时刻提醒自己把注意力集中到当下的学习任务上。经过不断的练习、长久的坚持，我们就一定能提升专注力。

《孟子》中有一篇小故事叫《学弈》，讲的是下棋高手弈秋教两个人下棋，其中一人学习时一心想着有天鹅飞来，要拿箭把它射下来，结果下棋就不专心了。结局大家肯定都能猜到，他的棋艺不如另外那个人好，这并不是因为他的智力比别人差，而是因为他分心了。专注能让我们更高效、更自信。克服困难，多多练习，相信每个人的专注力都能得到提高。

好像有只大鹅!
这一局我赢定了。

21

怎样避免因为粗心而算错题?

每次考完试，我们经常会听到这样的话:“哎呀，我这里不小心算错啦!”好可惜，本应拿到的分就这样“飞”走了。

粗心是注意力不集中的一个结果。很多寓言、童话都告诉我们粗心会酿成大错。同学们未来会从事各种各样的工作，在学习上的粗心看起来是件小事，但是如果形成了习惯，也会对未来的工作产生很大的影响。在学校，一道题算错了只是扣了几分，但要是在航天航空领域，一个小错误可能就会导致卫星发射失败。因此，我们从现在开始，在学习中就要克服粗心。

◎每一步都要保证不出错。粗心的反义词是细心，在做题时，我们每一步都要细心应对，尽力做到每一步都不出错。比如，在做数学里的脱式计算时，我们要看清每一个运算符号，每一步的运算顺序都要正确。上科学课做实验时，每一个实验步骤都要看仔细再进行，而不是老师一讲，就不加思考地开始做了。

◎做完之后要检查。不管是做数学题，还是写作文，完成后都要反复检查。检查可以帮我们查缺补漏，比如，做完数学计算题后要验算，从结果再往前算；作文写完后，要检查有没有错字，读一读句子是否通顺。考试时，很多同学做完试卷之后不检查，百无聊赖地坐着等待考试结束的铃响，这样很可能就失去了得分或者得高分的机会。

◎平时将知识学扎实。有时候我们做错题，可能不是因为粗心，而是因为知识掌握得不牢靠。尤其是考试的时候，常常因为解题思路不对而做错题。这就需要我们把基本功练扎实，比如日常学习时牢固掌握数学运算的法则，深刻理解语文的词语、句子，记牢英语单词的拼写顺序等，这样才能保证考试的时候题目都会做。

粗心是很多人学习道路上的“绊脚石”，虽然不是大毛病，但是在一些关键时刻、关键场合，粗心带来的后果可能会让我们追悔莫及，因此，越早纠正，对我们的成长越有利。

我已经写完了，
大家还在写。
还有时间，我再
检查一遍。

22

总是背不下来课文，或者背完就忘怎么办？

在学习的过程中免不了要背诵一些内容，比如背诵古诗词、数学的公式定理、英语单词等。背完了就忘，也是正常现象。德国心理学家艾宾浩斯研究发现，遗忘在学习之后立即开始，而且遗忘的速度并不是匀速的，最初遗忘的速度很快，然后逐渐缓慢。刚背过一篇课文，第二天就忘了一大部分，第三天又忘一部分，再往后又忘一小部分。所以不要怀疑自己的记忆力有问题。

大脑就像一个存储器，它存的都是有用的东西，没用的东西就自动删除了。一个知识点，如果背过后就不使用它了，大脑就会觉得它是不重要的东西，把它存储为短期记忆[1]。所以，只背一遍就想永远记住是不可能的。不管背诵什么都要温故而知新，每天都读一读、背一背，可能每天只用三分钟，短期记忆就会慢慢形成长期记忆[2]，大脑中的海马体[3]就是主管这件事的。短期记忆没有经过“复述”，就不能转化为长期记忆。如果在路上随便拉住一个人问他“床前明月光”的下一句是什么，大多数人都能脱口而出：“疑是地上霜。”这就是长期记忆的魅力，它让我们形成了“肌肉记忆”。

那有什么背诵技巧吗？

◎如果背诵内容太长，可以将其拆分。假如一段话里有五句话，这次先背第一句，反复背，直到把它背下来。然后再背第二句，以此类推。拆分之后的小句子，可能背起来挑战没那么大，回忆起来也比较简单，这样，我们慢慢就能把这一段话或者一篇课文背

[1] 一些研究认为，短期记忆的持续时间通常为 5~20 秒。

[2] 长期记忆的持续时间一般能够保持几天到几年。

[3] 大脑学习的新知识会先被储存在短期记忆中，部分反复记忆的知识被海马体转化为长期记忆。

下来了。

◎**由易到难，勤加练习。**背诵是记忆力的一个外在表现，它像其他任何能力一样是需要训练的，不是自然就会的。即便有的内容记了很多次都背不下来，我们也不能放弃。放弃的次数越多，大脑就越不能形成记忆的习惯。如果记忆力差，说明练得少，我们就一定要多练。如果背课文背不下来，就多背古诗，因为古诗比较短，也押韵，比较容易背。当背的古诗多了，我们的记忆力就逐渐增强了，这时再背课文可能就觉得简单很多。

以前我在小学任教时，会跟同学们一起比赛背诵唐诗宋词，从他们上小学四年级开始到小学毕业，几乎每个同学都能背一两百首唐诗宋词。多年以后再见到他们的时候，他们还能一起完整地背完比较长的诗词，比如唐代诗人白居易的《长恨歌》《琵琶行》。现在，他们也用比赛背诵的方法教自己的孩子。

在小学阶段，如果自己的记忆力比较弱，一定要多多训练，可以从自己感兴趣的、能够快速背诵的那些内容入手，然后持续地去复习、练习，这样才会形成长期记忆。

荷花真美呀！让我想起了“接天莲叶无穷碧，映……映……”
“映日荷花别样红。”
我昨天刚背了这首诗，今天又忘了。
没关系啦，每天复习一下，就能记住啦！

23

内容能看懂，为什么阅读理解题还是不会做？

一篇文章里的每个字都认识，可为什么就是不会做阅读理解题？看到阅读题的标准答案，很多同学都很想问：作者在写这篇文章时真的是这样想的吗？作者会想这么多吗？

其实，大部分同学觉得书的内容能看懂，是看的整体概况，并没有考量细节。比如一本书讲的是科学知识还是人和人之间的故事，我们大概是明白的，但出题者考查的还有我们对这本书细节的把握程度，这种情况下，有的同学就会感到比较困惑，不知如何作答。

那如何回答语文试卷上的阅读题呢？我们一边来看阅读题可能会考哪些方面，一边给出作答建议：

◎考“有什么”或者“是什么”。一般这样的题目就是让我们用横线画出故事里有谁，画出人物的动作、语言等，考的是我们对文章内容是否熟悉。我们去原文里找一找就可以了，因为信息就在原文之中。这里可能出现的问题是，我们会找不全答案。比如找到主人公说的一句话可能不行，因为他说了三句，要把这三句都找出来才算答对了。

◎考“为什么”。比如，读完《坐井观天》，题目可能会问：青蛙为什么不相信天很大呢？我们要考虑全面，从多个角度回答：因为青蛙坐在井底看不到外面的天，只看得到井口这么大的天，这是第一个角度；小鸟告诉青蛙外边的天很大，但是青蛙不相信别人说的话，这又是一个角度；如果还有一个角度，那就是青蛙没有看过天，没有走出过水井。这就是从青蛙的所见、所闻和所做三个不同的角度来回答这个问题。

◎考“如何评价”书中的人物或事件。比如读了《小英雄雨来》，大家觉得雨来为什么是一个英雄呢？

回答这个问题，我们既要去书中找答案，也要结合自己的认识，从不同的角度来思考，要把理由一条条都写出来。

说到这里大家可能已经明白该如何回答阅读题了：首先要知道题目的类型，其次要知道去哪里找答案，最后要知道如何分条目（角度）来回答。此外，还要注意答题时要联系自己的生活，对文章中的人物给出评判。

不同的题目有不同的要求，也有不同的回答方式。但无论怎样，答案都不是单一的，我们要想得充分一点、全面一点，要善于从前后内容里找到一些联系。

阅读题的标准答案和我们的理解肯定有一定的距离。我们的理解是粗略的，阅读题的答案是相对精确的。也许有些作者的想法没有出题者的想法多，但这些答案也体现了作品的价值，证明这个作品是值得读者去深入挖掘的。了解了这些之后，我相信大家在读懂书的基础上，题目也会做得越来越好。

原来还有这样新颖的解读，我写这篇文章时还没想这么多呢！
从这几个角度回答应该挺全面了。
答：1.
2.
3.

24

阅读有困难怎么办？

阅读是日常学习中不可或缺的一部分，但并不是每个人都能轻松应对。很多人在阅读上有困难，比如有些字词不认识，或者所有的字都认识，就是不知道这本书在讲什么，又或者虽然能阅读，但坚持不了多长时间。这该怎么办呢？

◎字词不认识，要查字典先认识，然后反复读写，直到学会。如果阅读课本时有字词障碍，一定要重视起来。因为课文的首要作用就是让我们能在语境[1]中

[1] 即语言环境，指说话时人所处的环境和状态。同样一句话，在不同的语境中所表达的意思可能不同。

识字、学词组。不会读的词语，一定要查字典然后通过多次重复的读写练习来学会。我们认识的字、理解的词越多，阅读困难就越小。

假如阅读的是课外书，就不一定需要认识、理解所有的字和词。通常，作家在写书的时候并没有考虑到我们是几年级的，他们考虑的是小学生的整体水平。遇到不认识的字词时，如果这些字词不影响自己理解整本书的内容，我们就可以接着读，不必在字词上纠结，可以读完之后再去查。

◎理解有困难，要善用联想和想象。有时候，所有的字词都不是阅读的障碍了，读不明白却成了障碍。如果理解课文有障碍，我们可以结合书中的插图来想象、理解。一般来说，插图可以辅助我们理解课文。为了理解，也可以自己画图，一边阅读，一边画下想象中的故事画面。

此外，我们还要把书中的内容联系在一起来理解，而不是孤立地理解一个字、一个词或一段话。同时，我们还要善于联系自己的生活体验，想一想自己在生活中有没有经历过作者所描述的事件，这样也有助于我们理解书的内容。

◎如果无法坚持阅读，要学会设定合适的目标。阅读不能仅凭兴趣，还需要不断地积累经验和方法。做阅读计划是保证阅读的前提。阅读计划可以用来规划每天阅读的数量，也可以用来规划每天阅读的质量。例如，每天读书五页，这是数量上的计划，如果能够坚持，也很不错。还可以从质量上来做计划，例如，每天通过阅读解决一个问题，不管是学习问题还是生活中的问题都可以。这就需要我们首先明确自己要解决什么问题，再去思考阅读什么书有助于解决这个问题，最终从阅读中获得解决方案。另外，我们要根据计划每天做好阅读情况记录，这样能保证计划更顺利地执行。

阅读的困难都是一点点攻破的，随着每天不断地阅读，困难都会迎刃而解。

“春江水暖鸭先知。”

25

如何坚持阅读?

阅读的时候，很多人经常读着读着就读不下去了。其实这很正常，不光小学生会出现这种情况，大人也会这样。正如前文所述，无法坚持阅读属于一种阅读困难。那么，想要攻克这个困难，我们该怎么做呢?

◎让阅读形成习惯。书是我们的精神食粮，阅读就像吃饭，要“一日三餐”，但是如果这一顿吃得太多、太饱，可能会消化不良，那第二天、第三天就吃不下去。阅读是一件长久的事，既然要坚持，就要保证阅读量适中，不管这本书我们是特别喜欢还是不太喜欢，每天都不要读得太多。可以早晨、中午、晚上各读十分钟。虽然读得不多，但就像我们每天都要吃饭一样，每天都在阅读，慢慢就会形成良好的阅读习惯。

◎可以给自己一点奖励。坚持阅读几天，就可以用压岁钱或零用钱买个小礼物奖励自己，暗示自己阅读是件很快乐、很美妙的事情，而不是一件枯燥的苦差事。如果自己没法奖励自己，当然也可以寻求家长的支持，让家长来奖励我们，但我们更应该学会自己奖励自己。

◎阅读要留有标记。就像路上有路牌，有线路的指示箭头，有红绿灯，我们阅读的时候也要留下标记。可以每天都在书上做标记、写批注，最好写上日期，这样我们就知道自己在哪一天读了哪几页、读了什么内容。一段时间后，当我们再翻开书时，就会发现原来自己每天都在读书，竟然不知不觉就读完了一整本书，这样产生的自豪感和成就感不言而喻，也会激励我们继续去阅读。人们经常说“绳锯木断，水滴石穿”，每天坚持阅读，也有助于我们形成坚韧的品质。

坚持是学习中非常重要的一项品质。很多人虽然有天赋，但是不能坚持，最终也没有做出什么成就来。而有一些人虽然资质平平，但是每天坚持努力，终身阅读，最后做出了不错的成绩。我们要在努力和坚持中不断成长，让生命绽放更夺目的光彩。

爸爸快看，我今年读的书跟我一样高了！
真棒呀！可以奖励一下自己哟！

26

怎样才能写好作文？

作文可以说是很多人的“噩梦”，即便读了很多书也无从下笔。怎样才能做到文思泉涌呢？

前面说阅读像吃饭，而写作文就像做饭，要想把饭做得更美味，除了每天做，还要不断向别人学习，拒绝一成不变。

◎每天坚持写一段话。如果让我们每天写一篇作文，可能很难做到。不过，我们可以做到的是每天写一段话。如果现在上一、二年级，那每天写一两个词或者写一句话就可以，但是要坚持每天都写。

◎从日常生活中获取写作的灵感。比如我们可以回想：今天上学路上发生了什么？在和同学相处的过程中发生了什么？这些都可以是写作的素材和来源。甚至脑海中的那些神奇的想象也可以成为写作的灵感，比如，看到天上的云、飞过的鸟，我们可能会想到如果自己是一朵云，要飘到哪里去转转；如果自己是一只飞鸟，想飞到哪里去看看。

◎尝试多种写作形式。写作形式不必拘泥于一种，我们可以多多尝试，一个词、一句话、一段话都没有问题，甚至可以通过画漫画来记录事情的发展过程。

◎写作的核心是人的思想和情感。我们每天要练习思考，比如，今天让自己印象深刻的是什么？为什么会印象深刻？如果要记录这种感受，可以采取什么样的方式？“是什么？为什么？怎么做？”就是一个思维框架，能够帮我们思考自己、观察世界。

除了练习思考，还要练习观察能力。细致地了解事物的发展变化能为写作文打下坚实的基础，也能帮我们积累作文素材。美国著名的小说家马克·吐温写的小说简练幽默，读后让人久久难忘。据说他经常坐在咖啡馆里，拿一个小本子，把观察到的人的语言、动作、神态、外貌、做的事都简单记下来，作为他写作的素材。我们可以向他看齐，学习这位大作家的写作方法。

◎写完之后，还要寻找读者，听听别人对自己作品的评价。想要成为一个小作家，就需要得到读者的反馈，然后思考、改进，得到提高。如果自己的作品没有被别人读过，那我们就失去了改进的机会，说不定读者也失去了发现“宝藏作家”的机会。我们可以和同学、朋友组建一个写作小组，大家相互评价各自的作品，或者让爸爸妈妈看看自己写得怎么样。

◎向写作能力更强的人学习。要多跟那些写作能力强的同学学习、交流，但更重要的是向大作家学习。在阅读大作家的作品时，我们可以把认为他们写得好的语句摘抄下来，活学活用到自己的作文里，让我们写的文章更生动，更有吸引力。

除此之外，我还建议大家将日常的写作记录进行收集和整理，无论是日常的想法还是学校布置的作文，都可以定期整理成册，做成自己的作品集。由此，我们会看到自己的成长，也会越来越喜欢写、愿意写，假以时日，“下笔如有神”就不在话下啦。

这孩子是怎么了？
一动不动半小时了。
她在想象自己
是朵云呢！

27

怎样才能把字写好?

想要写得一手漂亮的字的确不容易，尤其在现代社会，语音就可以转成文字，并且可以直接打印出来，因此很多同学就不重视汉字书写了，觉得练字是在浪费时间、浪费生命。

即便如此，我们依然需要练字。天天练字，会增加我们对汉字的了解和认识，也传承了中华优秀传统文化，这是练字最显而易见的好处。当然还有长远的、潜在的好处，比如提升自身气质、专注力等。我们写字的时候，需要把一个字写进一个很小的格子里，字的比例分配、占格、起笔、落笔等方面都要把握好，要屏息凝神，练字的同时，也很好地锻炼了专注力。

那怎么才能把字写好呢？

◎要写好字，肯定要练字。练字练两个方面：一方面是要把字写规范，包括笔画、结构等；另一方面是要提高写字的速度，把字写快。我们可以把练字与写作业结合在一起，提笔即是练字，一举两得。

◎要提高对写字的要求。有的同学经常用涂改液、改正纸来涂抹和遮盖错字，甚至把写错的那半页纸裁下来，然后再去写，这些都是我不提倡的。

在我曾负责的班级或学校中，同学们的写字水平提高都很快，这是怎么做到的呢？很简单，写错了就撕掉重写。对此，大家不要觉得懊恼、可惜，当撕的次数多了，我们就会悟出一个道理：要么不要犯错，要么犯了错，就及时改正，大不了从头再来。大家对自己可以下手“狠”一点，这样既能让自己知道每个字都要专心写，还能提高抗挫折能力。

我也建议大家，如果感兴趣的话可以去练毛笔字，体会毛笔字笔画的起笔和落笔，这也会让我们的写字水平有所提高。

希望同学们能够正确认识练字这件事，练字不是浪费时间，正如前文所说，无论从眼前来看，还是从长远来看，练字对我们都是有益的。一手漂亮的字，也能让我们收获自信。

哎呀！字写得真端正，奶奶的老花眼也能看得清楚。
老师说要一笔一画、专注地写，提笔即练字。

第四章

如何减轻心理负担？

28

学习压力大怎么缓解？

跟初中生、高中生比，虽然小学生的课业相对轻松，学习压力相对小一些，但小学生的心智发展还不成熟，心理承受能力和抗压能力都不强，过大的压力并不利于小学生的身心成长，所以当我们感到压力太大时，需要及时干预。那么，该怎么缓解这种压力呢？

学习压力大一般表现在三个方面：心理压力大；身体压力大；外在压力大。不同的压力有不同的缓解办法。

比较常见的是心理方面的压力，当学习给我们带来较大的心理压力时，可以这样缓解：

◎降低标准。心理压力大，可能是心理预期过高造成的。有的同学给自己设置了高标准，总担心学不好，把精力都分散在这种担忧上了，反而让真正学习的时间减少了。

◎不要执着于和别人比。有些同学经常听爸爸妈妈夸别人家的孩子，于是生活在和他人对比的焦虑中。其实我们应该学会跟自己比，自己把控学习的节奏，保证自己每天在进步，每星期在进步，这就足够了。

◎要横向比较所学各学科。为了避免偏科，我们一定要把时间多分配在薄弱学科上，同时保持住擅长学科的优势。有通盘的考虑，知道自己在努力不让薄弱学科拖后腿，同时又有优势学科拉自己一把，这样，我们的心理压力就会得到缓解。

我们有时会感觉某段时间内学习比较吃力，一方面可能是课业确实比较多，另一方面可能是我们的身体承受了较大的压力，需要调节，这时该怎么办呢？

◎尽量快速完成学习任务，进行户外运动，从而缓解身体承受的压力。从供氧的角度来说，户外运动会让思维更加活跃。如果不爱运动，那可以试着迈出第一步——走路，也许慢慢你就会爱上运动。运动不但能锻炼身体和大脑，还能缓解心理压力。

◎**面对学习中的外在压力，不逃避。**这种外在压力可能来自学校，也可能来自家庭。我们应当学会承受一定的压力，就像生活在地球上需要承受一定的地球引力、大气压力才能生存一样。如果压力过大，就要进行疏解。比如，在班级里，同学们都学得很好，给我们造成了一定的同辈压力，此时疏解的办法不是逃避，而是追赶。

首先弄清楚自己落后的原因，是没有掌握学习方法，还是用功不够？然后找到提高的具体方法，有目的地练习就是很好的方法。多练习、多联想，在多做的基础上多思考，慢慢总结自己能理解的规律。比如，在大量练习的基础上用画图表的方式进行总结，这能帮助我们掌握基本的思维方法，从而打通各个学科之间的壁垒。

其实，无论是承受哪种学习压力，我们都不要选择逃避，只要勇敢面对，真正付出努力，一切问题都会迎刃而解。当火箭把卫星送上太空，卫星进入轨道后，就可以按照轨道运行了。面对压力也是一样，当我们真正掌握了学习方法，也像把自己送上了一个轨道，那时候我们承受的压力也会相对减小。

目标：90 分
调整一下目标，
慢慢来嘛！
目标：85 分

29

爸爸妈妈不理解我的感受怎么办？

爸爸妈妈好像只关心我们的学习成绩，却不理解我们的心理感受，这让很多同学感到难过和不解。他们也曾是小孩子啊，为什么不理解我们呢？

大人不可能完全理解孩子的感受。因为他们已经不是孩子了，很难真正从一个孩子的角度来想问题。而且我们正在经历的和他们小时候经历的已经大有不同，他们没有经历过我们的生活，可能除了了解考试情况，并不知道我们在学校里、班级里的具体情况。所以，双方的感受是不相通的。

我们该怎么办？

◎我们要试着理解父母。在父母眼里，我们的感受不是不重要，而是他们还要考虑到我们成长的各个方面。如果完全遵循我们的感受，那我们可能就会养成一些不好的习惯。比如，我们不想早起去上学，想睡懒觉，但爸爸妈妈考虑到我们要遵守校规，就会“无情”地叫醒我们。其实，双方的立场和目标是一致的，只是做法不同，我们可以尝试着站在父母的立场上理解他们。

◎口头表达。口头表达感受的时候，不能只说一句，要多说几句，尽量把我们想表达的内容说清楚。比如你想买某样东西，父母可能会问买它有什么用，如果我们说不出来，那这个要求可能就被拒绝了。所以，当我们真正需要某样东西的时候，要提前做准备，用充分的理由来说服父母，比如这样东西对智力开发、专注力的养成有哪些益处。

◎书面沟通。想让大人理解我们的感受，也可以用语言文字积极沟通。如果觉得开口说有点不好意思，那在家里可以自己设计一个留言板，给父母留言表达自己的感受，父母也可以回答。这样不但表达了我们的感受，也有助于我们察觉自己的情绪，梳理语言表达逻辑。

当我们想把事情做得更好或是当学习碰到困难时，都要跟父母说清楚。比如练习跳绳，自己一分钟只能跳二十下，有的同学却能跳一百二十下。我们也想进步，那就可以告诉家长是否可以帮忙买适合自己身高的跳绳，如果有需要可以请他们陪着练习。这就是在表达自己的感受，否则父母永远不知道我们的困难是什么。

我们要学会沟通，想去表达的时候就去表达，想达到某种目标就要去努力。同学们，勇敢地向父母表达自己的感受吧。

不知道爸爸妈妈能不能理解我……
“爸爸妈妈，最近我的成绩下滑，是因为新学期的内容不太能跟得上，请你们不要担心……”
这孩子长大了……

30

爸爸妈妈总训我怎么办？

不辅导作业的时候，母慈子孝；辅导作业的时候，鸡飞狗跳，甚至爸爸妈妈的怒吼声几乎能传遍整个小区。为什么爸爸妈妈不能心平气和地和我们讲话呢？

每个孩子都有自己的天性，有温和的一面，也可能有蛮不讲理的一面。社会从野蛮发展到文明是需要设立各种大大小小的规范的。家庭设立和执行规范的过程中就会有“规训”，即规诫、教训。从这个角度来说，家长肯定要对孩子的某些行为进行约束，这在一定程度上有助于孩子成长为一个遵纪守法、懂规则的文明社会里的人。

但让很多同学觉得委屈的是，父母有时候会毫无理由地教训自己。当一件事情发生时，站在不同的角度，大家看到的问题是不一样的。比如，有一篇课文叫《画杨桃》，每个角度画的杨桃都是不一样的。同样，我们看到的是自己受委屈的一面和自己努力的一面，可能父母也会看到我们贪玩的那一面，所以他们就会教训我们。我们做了半天作业，父母没看到，刚拿起手机，父母就看到了，那么父母可能就认为我们已经玩了半天手机了。

那该怎么办呢？

先让父母的情绪平复下来，之后再把自己的想法和做法告诉他们。父母可能看到的是我们的做法，而不知道我们的想法。比如，我曾经有一瓶酒，酒瓶像葫芦，和家人聊天的时候，我说如果这里面的酒没有了，酒瓶就可以当摆件。我儿子当时三岁，听到我说这话，就来抢这瓶酒，抱着它去了厨房，不一会儿工夫就拿着空酒瓶出来了，看着他笑呵呵地等我表扬的样子，我都不知该如何是好。原来，他把一瓶酒倒进了下水道。说者无心，听者有意，从我的角度看，好好一瓶酒竟然被倒掉了，多浪费呀！但是，从他的角度看，他觉得自己想了一个很好的办法帮我解决了难题。如果我因为这件事再训他，那他就会觉得很委屈。

从不同的角度看问题会得出不一样的结论，所以，大家要学会和父母沟通，这样也能增进亲子间的感情。

五分钟后……

31

如果成绩提升了，父母还批评我，怎么办？

“如果成绩提升了，父母还批评我”，说明父母对我们的要求比我们想的要高。比如，我们在班级考试中提高了 5 分、10 分，但是父母会觉得我们提升得太少了。这时该怎么办呢？

◎要思考究竟为什么被批评。成绩提高了还被批评，是批评成绩提高的幅度小，还是批评我们平时努力的程度不够？其实，这二者之间也有紧密的关联，因为如果平时不够努力，即使成绩提高了，父母也会对提高的幅度不满。这表明父母希望我们更加努力、用心地学习。如果真的是努力程度不够，自己就要付出“能被看见的努力”，平时对自己要求再高一些，用于学习的时间多一些。我们小学生也要有能力进行“因果关系”的分析，当面对父母的负面情绪时，能够分析出原因，才能“对症下药”“药到病除”。

◎及时与父母沟通自己设立的目标，彼此达成一致。有时候，父母对我们的要求的确有点高，这时，我们需要做的是跟父母沟通自己设定的目标，双方建立共同的标准。比如，我们想把成绩提高 5 分，父母却希望提高 10 分，那双方可以协商折中，定一个彼此都能接受的分数标准。然后我们自己要牢记这一标准，通过努力去达成。学习就像自己驾驶一辆车，即使父母坐在车上，也只能给予一点建议或批评，最关键的是我们自己要足够专注，并且要掌握预习、练习、复习的方法，这才是成绩提高的“秘诀”。不能等到真的出了“事故”，我们才知道是自己的驾驶技术不可靠。

◎要学会处理和父母的关系。我们要学会讲道理，让父母了解到一味批评指责是没有益处的，我们应该共同解决问题。小学语文中有一篇课文《巨人的花园》，巨人代表的是大人，大人把孩子赶出去，花园里就没有春天了。可以把这个故事讲给父母听，如果因为成绩差而把我们“赶出去”，家里就没有“春天”了。父母可能就会接受这个事实，和我们一起想办法来提高我们的成绩。也可以讲“拔苗助长”的故事，看到我们能活学活用，父母也就能理解我们的学习不能操之过急，需要一点一滴的积累，成绩也需要逐步提升。

有时候父母会陷在一个思维定式里，认为给孩子提更高的要求，不断鞭策孩子，孩子就会学得更好，却忽略了学习是有规律的，学习成绩提高的过程也是循序渐进的。

我们要学会有智慧地去解决问题，如果父母有情绪，我们自己也有情绪，那就不好沟通了。即便我们现在还小，也要尝试用学到的知识处理“矛盾冲突”中的问题。这并不是一件很难的事情，只要多多练习就可以，因为未来还有很多的大事需要我们去面对和解决。希望大家能够有智慧地与父母沟通，成功迈出第一步。

怎么这次考试才提高了5分？进步太慢了！
可是我比以前进步了，提高成绩要慢慢来，拔苗助长可不好。
已经会用“拔苗助长”了，的确是我太心急了。

32

老师对我很用心，没考好有负罪感，怎么办？

老师平时很关心我们的学习，我们每次有疑问请教老师的时候，老师总是亲切又耐心，还经常鼓励我们，可是有些考试的成绩却不理想。这时，很多同学会觉得愧对老师的付出和用心。这其实是一种正常的情绪反应，但我们也没必要让这种情绪给自己带来过重的心理负担，还是需要积极调整自己。

从一个老师的角度来说，即便没考好，学生也不需要有负罪感。老师的出发点是希望每一个同学都能学得好，他们会对不同的学生采取不同的教学方式，也就是“因材施教”。如果老师很用心，学生却没考好，老师会反思是不是自己没有选对教学方式，接下来就会做出适当的调整。并不是说老师用心教，学生就一定能学好，不同学生的学习方式是不一样的。老师们对此很清楚，所以我们也不用有负罪感。

考试结果如何和老师用心教之间可能有联系，但没有必然的联系。站在老师的角度，他们要用心对待学生，而站在学生的角度，我们关键是要找到适合自己的学习方法。考完之后，我们要先浏览一遍试卷，看到底是哪里出了问题，然后拿着试卷去和老师沟通。相信老师会帮我们分析问题出现的原因，并给出一些建议，比如应该怎么学，应该重点学哪部分，有哪些实用的答题技巧等，助力我们下一次考试能取得更好的成绩。

负罪感可能会给自己造成压力。虽说压力就是动力，但是过大的压力会让我们分心，导致将更多的注意力转移到跟老师的关系上，而不是自己的学习上。因为自己的用心却给学生造成压力，这也是老师不希望看到的。

当考试成绩不理想时，要结合具体的考试情况和老师深入沟通交流，把老师给出的建议和方法等转变成个人的学习方法和努力方向，这才是最正确的选择。

过大的压力只能带来更大的焦虑，我们应该做的是有目的地练习和提升自己的能力，而不是增加自己的压力。

办公室
没有考到理想的分数，老师肯定很失望吧……
这次考试的分数不要太放在心上，老师给你分析一下你的问题。
下次我一定加油！

33

父母对自己期望很高，很怕让他们失望，怎么办？

很多人可能都会面临这种情况：为了让我们能够全身心地投入到学习中，爸爸妈妈总是尽力照顾好我们的生活，希望我们能有好成绩，将来有出息。我们不想让他们失望，可是自己又很累，心理压力很大，该怎么办呢？

自古以来，父母的心愿就是“望子成龙，望女成凤”，他们辛苦半生无非就是希望孩子能超过自己。我们要理解他们的这种心情，将来自己做了父母可能也是这样的。

父母的这种高期望，一般分两种情况。一种是长远的要求，他们期望的是我们长大后能取得较大的成功；另一种是现在的要求，他们对我们的学习成绩要求过高。比如我们考了 99 分，父母会问为什么没考到 100 分。

当父母对成绩要求过高时，要和父母及时有效地沟通。就像前面提到的那样，我们需要和父母商量出双方都认可的标准，再告诉他们自己下一步努力的方向和具体的学习规划。在和父母沟通时，我们没必要赌气，甚至质疑、顶撞父母，如果直接跟父母这么说："从 85 分提到 90 分已经很困难了，您还让我考到 100 分？"父母可能会认为我们的态度不端正，双方会不欢而散。这样的沟通就是无效的，之后彼此的沟通也会更难。但如果我们这样跟父母说："我先努力让自己下次考试提高 5 分，这样一点一点进步，可以吗？"相信能让彼此的沟通更顺畅。

如果学习有困难，要向父母求助。比如说数学学不好，和同学交流之后也找不到原因。去问老师，有时候老师比较忙，可能只是讲一讲我们不会的题，但是学习数学到底哪里出了问题，我们还是不清楚，这时可以请父母去跟老师沟通。千万不要怕父母和老师见面，他们积极顺畅地沟通能解决我们的学习难题。父母、老师永远是我们坚实的后盾。

父母的期待会给我们造成压力，但这种压力有时也是动力。如果父母对我们什么要求都没有，我们想玩就玩、想学就学，很多人长大之后都会将自己的不如意归咎于当初父母的疏于管教。

对于父母的高期待，我们要合理看待，也要学会跟父母有效沟通，释放压力，解决问题。

数学考题
别担心，爸爸跟你一起面对！

34

马上升初中了，有必要提前学习初中知识吗？

马上小学毕业了，可能有的同学对即将到来的初中学习阶段感到紧张，想通过提前学习来做好准备，但不确定这样做是否有效或有必要。

◎要搞清楚知识与思维的关系，再做决定。其实这个问题很好回答，那就是因人而异。根据自己的需要，如果提前学习初中的知识让你觉得更愉快，心里更充实，那就提前学，反之，就可以不用学。在此之前，需要声明的是，在人工智能时代，以知识进行思考比单纯学习知识更为重要。人类如果不会思考，或许就会被人工智能超越或取代。如果同学们有更多的时间，可以用初中教科书的内容向人工智能进行提问，在我们的追问之下，它可以展示思维的过程，也就是它是怎么思考和判断的。我们主要的目的是学习思考，而不仅仅是学习知识。

◎“小升初”只是学习阶段的一个转折。很多学生小学阶段的成绩不怎么突出，到了初中阶段却表现得很出色。当然，也有小学阶段学习好的同学无法很好地适应初中生活，导致初中阶段的成绩变得不尽如人意。初中阶段比小学阶段学习的科目更多，内容也更复杂，需要有足够的精力，也需要具备足够的思维能力。因此，要做好上初中的准备，不是准备知识，而是准备如何处理知识。事实上，我们应该从思想上认识到，“小升初”只不过是学习阶段的变化，不能决定整个人生。真正决定人生的是“终身学习”，持续不断地学习才能保证我们一直进步。从这个角度而言，提前学习是可以的，因为我们终身都要学习，但不要把这种学习当成一种负担，而应当成一种锻炼。

◎在小学阶段归类复习的基础上学习。六年级是小学阶段学习的“最高峰”，我们应该有能力对之前所学的内容做出全面的总结，给自己一个答案——小学阶段究竟学到了什么，这样也能帮助我们应对初中阶段的学习。归类复习，这是自主学习能力的最好体现。可以多买一些参考书或试题册（不需要做）来充当“参考文献”，供我们查阅和提炼学科内容。根据资料的提示，结合自己的学习经验，对每个学科的内容进行梳理、归类、总结，进行“结构化”处理。这样我们就能直观地看到学习成果，获得学习成就感，增加自信心。以前多是“小步子”“零散式”的学习，初中阶段可能是“大跨度”“综合式”的学习，在上初中之前，最好能够把我们的理解和应用都推上一个新高度。

学习初中的知识不是目的，不断提高自己的学习能力才是关键，希望同学们能够学会充分利用时间来不断提高自己，以最好的状态面对每一个学习阶段的变化。

马上要上初中了，压力好大。
只不过是一次学习阶段的变化，保持平常心！
嗯，不能输给心态！

35

怎么提前适应初中的学习生活？

暑假之后就要上初中了，我们对初中生活充满憧憬的同时，又会有些焦虑：初中的同学都友善吗？初中的老师都和蔼吗？初中陌生的环境自己能适应吗？……一大串的问题会在脑海里回荡。

◎正确认识初中。有些同学听说初中学的东西很难，尤其还要学习物理、化学，不免心生畏惧。初中阶段虽然会增加一些新学科，但并不是和小学阶段的学习完全割裂了。在小学阶段积累的学习经验、学习方法、学习能力等，到了初中还是有用的，甚至是受益终身的。比如，预习、练习、复习的能力，专注力、耐力等。来到初中，改变的只不过是操场、图书馆等这些外部环境，不变的是学习的本质。

◎提前实地熟悉初中校园。在入学之前，大家可以去学校里或校门口走一走、看一看，熟悉一下学校；也可以通过认识的人，比如在这所学校里上学的学生，来了解他们平时是怎么上课的，提前在心理上做好准备。

◎利用暑假做好初中学习准备。在“小升初”毕业考试结束后的暑假，可以向学长学姐借阅初一的课本，了解初中所学的科目；还可以查阅各种各样的资料或者直接向学长学姐寻求学习这些新学科的经验。

进入初中之后，学业压力会增加，所以进入初中前的那个暑假不建议大家疯狂去玩，而是要将大部分的时间用来阅读，做一个“疯狂”的读书人，为以后成为合格的初中生打下良好的基础。大家可以选择一些科学类、艺术类、人文类的书来读，因为阅读不同种类的图书，不仅可以训练思维和表达，也能扩充知识储备。这样在面对初中的学习时，大家才能够做到游刃有余。

对未知的恐惧人人都会有，我们要在思想上重视它，在心理上正视它，而行动是缓解焦虑和战胜恐惧的最好办法。希望同学们能够行动起来，去做一些实质性的准备工作，让自己更快、更顺利地适应初中的学习生活。

新学校的跑道好
宽敞呀！
对呀！开始憧憬
在这里学习了。